裝在船盤或大盤裡的生魚片，要夾到自己的碟子再吃。

在正式的場合中，不要將醃漬物放在白飯上。也不要把白飯當盤子，在上面盛放過多食物。

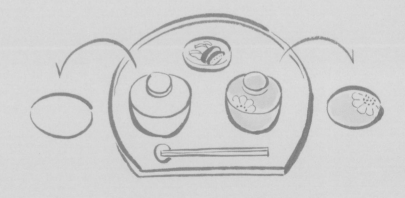

在可以「直接用自己的筷子夾取食物」（參照P38）的場合中，先將食物夾到自己的碟子後，放下筷子，然後再重新拿起筷子和碟子才進食。

飯碗的蓋子放左邊，湯碗的蓋子放右邊。蓋子的開法和茶杯相同（參照P26）。

圖解
餐桌禮儀
繪本

文・圖／高野紀子　翻譯／蘇懿禎

目　次

小狐　　小狸

「這是我的奶奶。」

兔妹妹　兔弟弟　小熊

前言

　　我們每天早上、中午、晚上都要吃飯，也許是和家人或朋友一起享用，在家裡、學校或餐廳裡用餐，用餐的時候，有許多我們必須知道的餐桌禮儀。

　　話雖如此，但這絕對不是很困難的事。要珍惜食物和用品，不造成別人的困擾，這樣的觀念也是重要的禮儀之一。

　　怎麼做才能快樂的用餐，讓食物更美味呢？請大家一起看看這本繪本，動動腦想一想吧！

　　熊奶奶的「餐桌禮儀教室」開始上課嘍！

日本料理禮儀
使用筷子用餐

每天都使用的筷子，
也是有使用的規則哦！
讓我們來學習用筷子吃飯的注意事項吧！

餐具的固定擺放位置

現在我們吃的日本料理，
從以前開始，就是以筷子搭配各種碗盤來進食的。
讓我們來學習碗筷等餐具的使用方式吧！

「把自己的碗筷按照
平常的樣子擺好。」

「兔妹妹和兔弟弟的碗
只有我的一半大！」

「小熊的碗
好大！」

「筷子的前端要朝
左邊唷！這是媽媽
教我的。」

「小狐都知
道吧！」

飯在左邊，湯在右邊

飯和湯放在手邊，配菜依序往桌子中央擺放。所有的料理，都要放在筷子夾取時最順手的地方。

分食用的小碟子

把大家的菜裝在一起的大盤子和公筷

公筷　　大盤子
（拔絲地瓜）

小碗
（青菜佐花生粉）
可以拿在手上的小碗放在左前方。

大盤子
（烤醃鮭魚）
無法拿在手上的盤子放在右前方。

飯碗
（白飯）
最常拿在手上的飯碗，放在最容易拿取的左手邊。

湯碗
（豆腐海帶味噌湯）
湯碗放在容易拿取的右手邊。

筷子

筷架

筷子放在最靠近自己的前方，筷子尖端朝左。如果是左撇子，筷子尖端朝右擺放。

筷子放在筷架上，尖端就不會接觸桌面而保持衛生，筷子也更容易拿起來。

拿筷子的方式正確嗎？

如果拿筷子的方式不正確，就無法夾起小東西，
或是將食物分成一口的分量。
選擇適合自己手掌長度的筷子也很重要。

筷子的長度適合嗎？

將拇指和食指張開成直角，
兩個指尖之間長度約1.5倍，
就是最適合你的筷子長度。

筷子的正確拿法

手指握在筷子中間再往
上一點的地方。

將筷子尖端貼
在一起。

筷子尖端不動，
只動筷子上方。

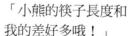

「真的吧！」

「小熊的筷子長度和
我的差好多哦！」

不要只依喜歡的顏色或
圖案來選擇筷子，重要
的是筷子用起來是否順
手。

「我的拿法
正確嗎？」

檢查看看，你的筷子拿得對不對？

筷子兩支為一雙，按照①②③的步驟確認
你的筷子拿法是否正確。

①像拿鉛筆一樣，握著
第一支筷子中間再往
上一點的地方。

②將第二支筷子放入拇指
和食指根部的虎口中，
用無名指支撐。

③用食指移動筷子的上
半部，若筷尖能夠完
全接觸在一起，就是
正確的拿法。

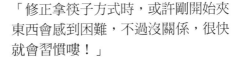

「修正拿筷子方式時，或許剛開始夾
東西會感到困難，不過沒關係，很快
就會習慣嘍！」

你有沒有這樣拿筷子呢？

「啊！好難夾，明明
這是正確的拿法。」

「反而更難
用了……」

「感覺好
奇怪哦！」

這幾種方式，筷尖都
不能任意活動，無法
靈活的用餐。

筷子不可以這樣用

很久很久以前，筷子從中國傳到日本，當時是放在祭祀神明貢品旁的神聖道具。在長期的使用中，產生了各式各樣的使用規則。
讓我們每天都來學習一點關於筷子的知識吧！

舞筷

聊天聊得太認真，不自覺的揮舞起手上的筷子。

指筷

用筷子指著人。這是非常不禮貌的行為。

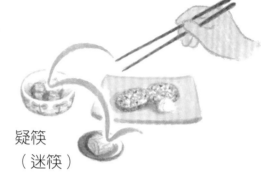

疑筷
（迷筷）

猶豫著要吃哪一個，而把筷子在盤子之間來回移動。

黏筷

把黏在筷子上的飯粒，在嘴邊摩擦吃掉。在吃飯之前先喝湯，筷尖沾溼之後，飯粒就不會黏在筷子上。（編按：先喝湯再吃飯為日本習慣。）

橫筷

吃飯時將筷子放在飯碗中間，就表示「我不想再吃了。」用餐完畢，應該將筷子放回原本的位置。

接筷

用筷子和筷子傳遞菜餚。供筷和接筷都會讓人聯想到葬禮的儀式，絕對不要做出這種行為。（編按：接筷為日本特殊禁忌。）

供筷

把筷子直立插在飯裡。

唉呀！是不是有人張著嘴巴咀嚼食物呢？喀嗞喀嗞的聲音，自己也許不會發現，但可能會讓旁人覺得不舒服。

敲筷

用筷子敲打碗盤或刀叉。把兩支筷子的尖端戳在桌面上對齊，也是不好的行為哦！

涙筷

在吃容易滴湯汁的食物時，不自覺的把手放在筷子下方。這種時候，應事先把湯汁瀝乾，或是移到小碟子後再食用。

「我還以為這樣做比較有禮貌……」

吸筷

什麼都沒吃，但把筷子放在嘴裡含著。

握筷

筷子還握在手上，就用同一隻手拿碗。這樣一來，只剩大拇指和食指兩根指頭拿碗，沒辦法確實握緊。

塞筷

用筷子塞進滿嘴的食物。這樣不但不能細嚼慢嚥，看起來也不雅觀。

刺筷（叉筷）

用筷子叉食物。像地瓜等容易滑落的食物，要先用筷子分成小塊，確實夾住後再吃。

勾筷（拉筷）

用筷子移動碗盤。這不僅會讓餐桌或碗盤受損，也會發出惱人的聲音。要移動碗盤時，記得把筷子放下，用兩手拿哦！

「唉呀！小熊，你都是這樣拿碗嗎？來學一學該怎麼拿碗吧！」

正確的拿碗方式

裝熱湯的湯碗，如果沒有好好拿在手上的話很危險呢！
飯碗、湯碗和小碟子，都是同樣的拿取方式。
細心的對待餐具，對食物也會產生珍惜的心情，
用餐的姿勢自然更標準好看。

拇指以外的四根手指要
併攏，碗才拿得穩。

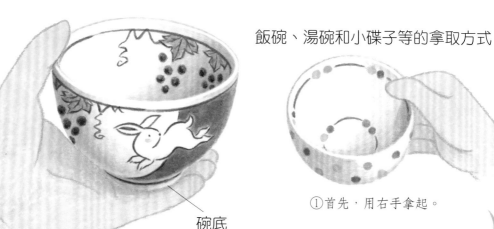

碗底

飯碗、湯碗和小碟子等的拿取方式

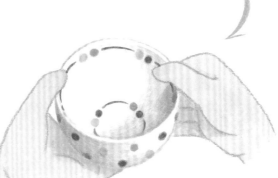

①首先，用右手拿起。

「啊！危險。」

如果拿碗的方式不正
確，就會像這樣從手
中滑下，碗裡的東西
也會灑出來。

正確拿碗

四根手指放在碗底，大拇指輕靠
在碗口邊緣支撐。選擇飯碗或湯
碗時，記得選擇適合手掌大小、
容易拿取的尺寸。

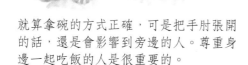

就算拿碗的方式正確，可是把手肘張開
的話，還是會影響到旁邊的人。尊重身
邊一起吃飯的人是很重要的。

②確認左手拿碗的方式是正確的，
　右手才能放開。在喝湯的時候，
　用兩手捧著碗。放下餐具的順序
　為②→①。

拿在手上的小碗盤

和飯碗、湯碗一樣，小碗盤也可以直接拿在手上。
把裝配菜的小碗盤放在左邊，是因為比較好拿哦！

和手掌大小差不多的碗盤
就用手拿。

「我一隻手　　「我可以唷！」
拿不了。」

如果拿不起來的話，放在
桌上也沒關係。

「啊！湯汁好像快
滴出來了……」

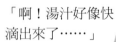

左手確實的拿好碗盤，用筷子分
成一口的分量再吃。這樣一來，
吃飯時就不會出現「握筷」或「
刺筷」（參照P11）的狀況。

在長大之前，拿不起來的
小碗盤，可以放在自己的
面前吃，吃完之後再放回
原位即可。

拿在手上的器皿

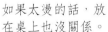

如果太燙的話，放
在桌上也沒關係。

茶碗蒸

日本蕎麥麵的蘸醬

生魚片的醬油

炸蝦的蘸醬

不用手拿的大碗盤

無法用單手拿的大型器皿或造型碗盤，
直接放在桌上即可。

用餐時可用左手固定碗盤。
細心的用餐，製作料理的人
也能感受到。

整片魚肉要用筷子分成小塊再吃，這種料
理要從左邊開始，一次分一口的分量。

無法拿在手上的碗盤

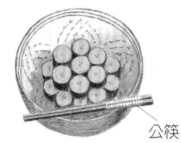

公筷

盛裝所有人分量的大盤子

燉煮料理或涼拌菜等的大碗

天婦羅或生魚片

除此之外，西餐或中餐
裝菜的大碗盤，也不用
拿在手上。

記得用公筷哦！

「竟然一直用自己的
筷子夾⋯⋯」

如果不養成使用公筷的
習慣，在被招待時，有
可能會不知不覺用了自
己的筷子。所以在每天
吃飯時，就先養成這個
好習慣吧！

從大碗盤裡夾取料理時，把自己的
筷子換方向，用比較粗的一端夾，
叫做「顛倒筷」，不僅會讓筷子兩
端都變髒，而且很不雅觀，應該避
免。這個時候請使用公筷。

用手拿著自己的小碟子，靠近大盤子之
後再夾，避免湯汁或食物潑灑掉落。

這種時候該怎麼做？

在吃日本料理時，會依料理種類而使用不同的碗盤。
來看看常見的器皿吧！

「一點一點吃。」

「我拿著吃。」　　「我拿不起來，
　　　　　　　　　　所以放著吃。」

鰻魚飯

如果手拿得起來，就拿在手上，拿不起來的話就放在桌上吃。蓋子要反過來放在盒子的另一邊，或是收在盒子下方。

日式蕎麥麵

蕎麥麵可說是世界上少見的「吸食」料理。但是任意發出聲音，仍會造成別人的困擾。每次應夾取不需要夾斷的一口分量即可。

「用小碗吃
方便多了！」

「散壽司拿在
手上。」

丼飯、熱麵類

丼飯、烏龍麵或蕎麥麵等太燙或太重的料理，可直接放在桌上吃。吃起來不方便的時候，也可以分到小碗中再吃。

江戶前散壽司

將生魚片等壽司料擺放在醋飯上的料理。以壽司料蘸小碟子的醬油，並和醋飯輪流著吃。不管用任何器皿盛裝都放在桌上即可。

散壽司

將已經調味的配料和醋飯混合的料理。如果盛裝器皿是可以手拿的大小，也可拿在手上食用。

在和室用餐的禮儀

有時候日本料理的用餐環境會是在有榻榻米的和室。
在和室用餐是很新奇的體驗，
請務必遵守以下介紹的規則哦！

「越在意好像越
容易踩到！」

不可踩踏的東西

包括拉門軌道、榻榻米邊緣織帶和坐墊。拉門
軌道和榻榻米邊緣織帶不僅容易受損，自古以
來也被認為這些地方有神明存在。踩踏坐墊則
有「踐踏主人用心準備的東西」的感覺，會被
認為不重視主人的待客之道，要特別注意。

和室拉門

拉門軌道

榻榻米邊緣織帶

和室桌

坐墊

有收針打結記號的
是正面。

和室中的「床之間」是什麼？

以前「床之間」是重要人物的座位，但現
今多半拿來擺放插花或裝飾品。雖然也鋪
著榻榻米或木板，但不要誤會這是房間地
板的一部分而任意攀坐。

「啊！不好意思。」

開關和室拉門要安靜

和室拉門關上時如果過度用力，會發出巨大的聲響。所以開關時請特別留意。

用兩手控制開關門的力道，姿勢也會比較好看。

坐墊的坐法

打招呼的時候，要在榻榻米上而非坐墊上。坐墊要等主人招呼入座之後才可使用。

起身站立時，注意不要踩到坐墊，先往後移動之後再起身。

①先跪在坐墊前方。

②兩手輕握，支撐身體，用膝蓋前進。

③把手放在膝蓋上。

和室裡不能做的事！

坐在「床之間」上

坐在和室桌上

用坐墊玩耍

「唉呀！這些行為都不可以哦！」

「開動」之前

「開動」之前要做的重要事情。

① 在接觸食物和碗盤之前，先上廁所，並把手洗乾淨。

② 以洗乾淨且扭乾的餐桌用抹布將餐桌的每個角落擦乾淨。

③ 擺好筷架、筷子、飯碗和湯碗等餐具。

大多數的家庭都是在廚房內盛好飯菜，再端到餐廳裡。端的時候要小心，不要灑出來。

小心不要被坐墊絆倒。

不要一邊做準備工作一邊聊天，口水可能會噴到飯菜上，很不衛生。

「開動！」

餐桌準備好之後，大家一起說：「開動」，不要自己先吃哦！
慢慢增加自己能幫忙的準備工作，一起享受參與的樂趣和成就感吧！

今天的菜單是三菜一湯

飯、湯，再加上三道菜的菜單，叫做「三菜一湯」。
使用的食材增加，是可以攝取各種營養的好組合。

「我不太會吃有
骨頭的魚……」

「我也是……」

菜①
鹽燒鯵魚
（搭配的蘿蔔泥和酢
橘要放在靠近自己的
這一邊。）

菜③
醃黃瓜海帶

菜②
蔬菜天婦羅

配菜不管是西式或中式，如果
都有飯、湯及使用筷子的話，
都可用日本料理的擺放方式。

「每道都好喜
歡，我全部都
能吃光光！」

飯　　　　　高麗菜味增湯

覺得哪道菜餚分量太多，無
法全部吃完的時候，一開始
就不要用自己的筷子夾取。
最好是在盛飯菜時就少裝一
點吧！

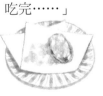

「我沒辦法全部
吃完……」

西式料理　　　　　中式料理

各種料理的擺法

整隻烤魚的吃法

連著頭尾的魚怎麼吃？應該不少人都有這樣的困擾。
只要知道吃法的話，一點也不難。準備好擦手巾，手就不會弄髒了。

①首先，摘掉背鰭和胸鰭，放
　到魚的另一邊。

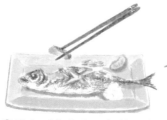

②從魚頭的後方，朝著尾部
　方向食用。

③上面吃完之後，從尾部朝頭
　部的方向剝除魚骨。這時候
　可以按住魚頭、固定魚身。

⑥吃完之後，把殘餘的東西收
　拾乾淨。

⑤下面的魚肉也是從左邊開
　始食用。

④將魚頭和骨頭放在另一邊。

擠酢橘或檸檬時，要用手
遮住，以免噴到別人。

拿醬油瓶等不在面前的東西時，
記得說「不好意思」。如果在手
伸長也拿不到的地方，要請別人
幫忙時，則要說「請幫我拿」。

「我要加
醬油！」

不要一直吃同一道菜，
飯菜要輪流吃。

「我把魚吃光了！」

天婦羅的吃法

用手拿著蘸醬碟，醬汁才不會滴出來。

「不要因為有喜歡吃的東西，就用筷子從下面翻揀食物哦！」

「用小碟子分裝，吃起來更方便。」

從最前面或最上面開始夾，才不會讓整盤食物倒下來。不讓盤子上的食物四散塌落，是對料理食物的人，以及一起用餐的人的禮貌。

魷魚或蝦子等無法用筷子分段的食物要用牙齒咬斷，但吃到一半的食物不要放回盤子，應在兩、三口內食用完畢。過大而無法一次吃完的食物，應該在一開始就放到自己的碟子裡。

炸物如果放在醬汁裡過久，麵衣會剝落，醬汁也會潑灑出來，要注意哦！

再添一碗的時候

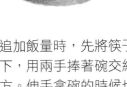

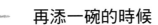

「請用！」

「謝謝！」

「我也想再添一碗。」

追加飯量時，先將筷子放下，用兩手捧著碗交給對方。伸手拿碗的時候也需用兩手，先將碗放到餐桌上再開始食用。記得要跟服務員說聲「請再幫我添一碗」、「謝謝」哦！

用餐完畢

吃完飯後要說「我吃飽了，謝謝！」或「謝謝招待」，並把自己的碗筷拿到廚房。
用餐時間包含飯前的準備和飯後的收拾。

木製的漆器容易受損，不要和瓷碗疊在一起。在餐桌上拖拉碗盤也是讓碗盤受損的原因之一。

沾到油的碗盤也不要疊放，油汙會到處沾染，不容易洗淨。體諒洗碗的辛苦也相當重要。

把碗盤收好之後，以洗淨扭乾的餐桌用抹布將桌子擦乾淨。

「唉呀！是誰啊？把飯粒留在這裡。就算只有一粒飯，也不可以隨意浪費，請珍惜食物。」

「碗盤亮晶晶了，謝謝！」

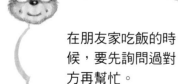

在朋友家吃飯的時候，要先詢問過對方再幫忙。

洗過的碗盤確實乾燥後，再收到餐具櫃裡。

「開動」和「謝謝招待」

吃飯前的「開動」和吃飽後的「謝謝招待」，
是對於許多生命和許多人的付出，
所表達的敬意。
如果缺少其中一個環節，
或是少了某一個人，
食物和點心就無法出現在餐桌上。
所以懷著感謝的心說「開動」
和「謝謝招待」吧！

筷子的取用方式

學會碗筷的拿法之後，接下來要介紹筷子的取用方式。
一開始不太懂也沒關係，慢慢練習並掌握技巧吧！
也可以和爸爸、媽媽一起練習哦！

筷子的取用方式（1）

筷子放下時，依照取用時的相
反順序，把筷子放回筷架。

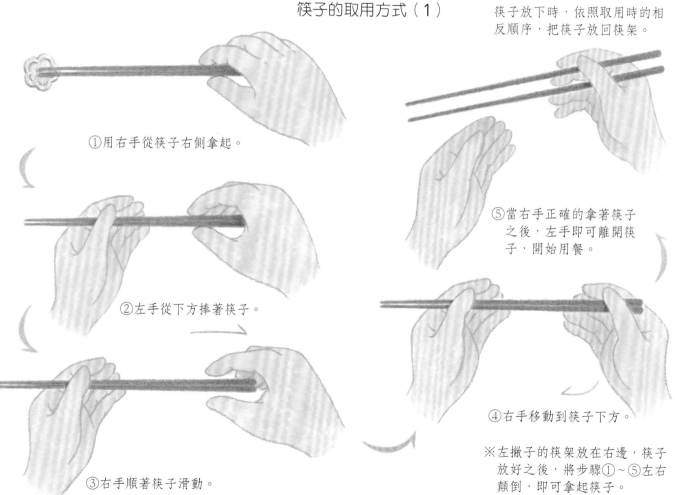

①用右手從筷子右側拿起。

②左手從下方捧著筷子。

③右手順著筷子滑動。

④右手移動到筷子下方。

⑤當右手正確的拿著筷子
之後，左手即可離開筷
子，開始用餐。

※左撇子的筷架放在右邊，筷子
放好之後，將步驟①～⑤左右
顛倒，即可拿起筷子。

24

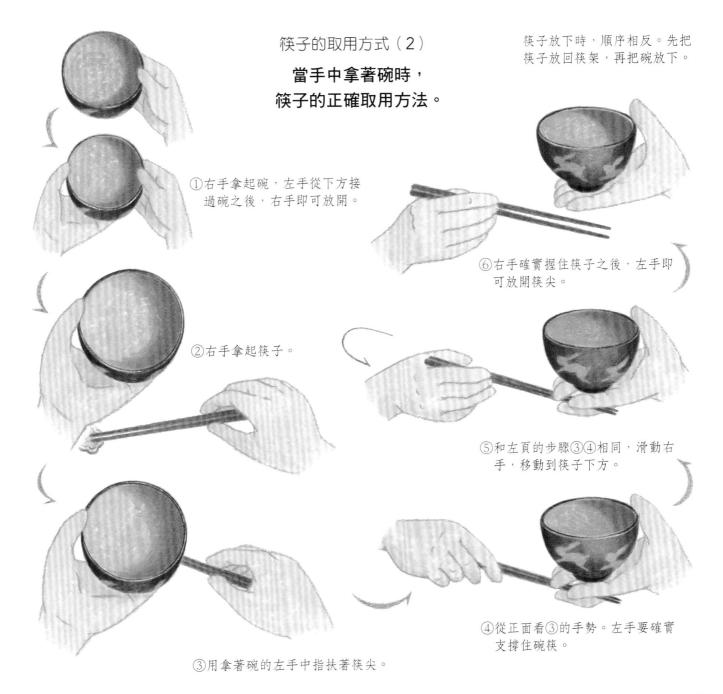

筷子的取用方式（2）

**當手中拿著碗時，
筷子的正確取用方法。**

筷子放下時，順序相反。先把
筷子放回筷架，再把碗放下。

①右手拿起碗，左手從下方接
　過碗之後，右手即可放開。

②右手拿起筷子。

③用拿著碗的左手中指扶著筷尖。

④從正面看③的手勢。左手要確實
　支撐住碗筷。

⑤和左頁的步驟③④相同，滑動右
　手，移動到筷子下方。

⑥右手確實握住筷子之後，左手即
　可放開筷尖。

日本茶與和菓子

飯後吃甜點配茶，
或是做客時享用主人招待的茶與和菓子，
需要注意什麼呢？

沒有杯蓋的茶杯，也是用
右手拿起茶杯，左手捧著
杯底喝茶。

使用有蓋茶杯的喝茶方式

雖然一般較少使用有蓋茶杯，但知
道用法還是比較安心。

茶樹的新芽

日本茶有抹茶、煎茶和焙茶
等種類，每一種都是由茶樹
的新芽製成。新芽約於五月
時摘取，再加工成茶。

茶盤

①用左手扶著茶杯，右手輕輕
　拿起杯蓋並微微傾斜，讓杯
　蓋上的水珠滑落杯中。

茶樹田

④喝完之後，用兩手拿著杯
　蓋，輕輕蓋回茶杯上。

②把杯蓋反過來，用兩手
　捧著放在茶杯右方。

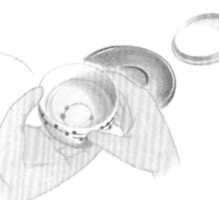

③右手拿起茶杯，左手捧著
　杯底喝茶。

和菓子的吃法

和菓子放左邊，茶放右邊

首先端出和菓子，之後再端茶。

和菓子從左側切成小塊食用，這時左手可按住盤子。

 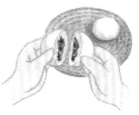

甜點饅頭等沒有附上牙籤的點心，可以用手直接拿起來吃。不要直接整個塞到嘴裡，用手剝成小塊再吃才有禮貌。

一般的點心

「啊！不知不覺就……」

不要直接從袋子裡拿取，把要吃的分量倒在盤子上。

將餅乾或仙貝等點心分成小塊時，記得要在盤子上方。

吃完之後，注意不要讓身上的點心屑掉滿地。

抹茶知多少？

茶樹的新芽蒸過之後揉捏乾燥，用石臼碾磨後的粉狀物就是抹茶。泡抹茶時，要使用竹子做的抹茶刷。

抹茶刷

抹茶的喝法

抹茶杯

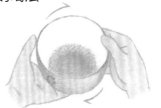

①右手拿起茶杯，左手從下方捧著。

②為了不讓嘴直接接觸珍貴的茶杯正面，用右手稍微旋轉茶杯之後再喝。

③喝完之後，將茶杯轉回正面再放到桌上。

來泡日本茶吧！

自己泡茶就會驚訝的發現水溫、茶葉量、
浸泡時間等些微的不同，都會影響茶的味道哦！
把熱水倒入茶壺的步驟比較危險，記得請大人幫忙。

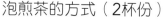

泡煎茶的方式（2杯份）

⑥要把茶水一滴不漏的倒完，
如果剩下的話，第二泡茶就
不好喝了。

⑤為了讓濃度相同，要輪流
在兩個茶杯中倒茶。倒茶
時用手按住茶壺的蓋子。

①把熱水倒入茶杯，放涼至握
住茶杯不會燙手的溫度。

茶筒
蓋子能完全密合的
茶葉容器。

②在茶壺裡裝兩匙茶葉。

③把①放涼後的熱水倒入茶壺。

④蓋上蓋子，浸泡1～2分鐘。

焙茶

把煎茶（茶樹新芽摘下之
後，蒸揉乾燥過後的茶）
烘烤至金黃色，味道清爽
芬芳。泡焙茶時要用比煎
茶溫度更高的熱水。

「好香啊！」

如果煎茶放太久變得有點
老，可以用平底鍋烘炒，
就會變成好喝的焙茶嘍！

茶葉裡含有可以提神的成
分，晚上最好不要喝。焙
茶的刺激較少，可以安心
飲用。

做客的時候

到朋友家玩、接受主人招待時，
有許多需要注意的地方。

「您好！」

也要向對方的
家人打招呼。

朋友來了之後，要早一點
告知廁所的位置。

不可隨意開冰箱
或抽屜。

不可隨意偷看主人沒有
介紹過的房間。

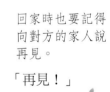

上完廁所之後，記得將
脫鞋轉向，方便下一個
人使用。

打完招呼之後，以面向門
口的姿勢脫鞋走上玄關，
再蹲下將鞋頭朝外，放到
旁邊收好。

想看屋內擺飾品時，記
得先詢問「我可以看這
個嗎？」、「這個可以
拿嗎？」

「謝謝！」　　　　　「請用！」

主人招待茶或點心的時候，
別忘了說「謝謝」、「開動
了」、「謝謝招待」。任何
時候受到幫忙或招待，一定
要說「謝謝」。

「再來玩吧！」

回家時也要記得
向對方的家人說
再見。

「再見！」

品嘗春天

一年四季各有不同的美景，盛產的食物也豐盛了我們餐桌。
讓我們從春天開始，一一認識四季的美景和美味的食物

溫暖的春日，在附近的公園野餐。

野餐或賞花時，可能會用到免洗筷。
免洗筷的正確使用方式。

採草莓

冬天就有溫室栽培
的草莓了，不過還
是沐浴在陽光下的
春季草莓最棒。

把筷尖朝左橫著拿，
上下分開。

直著拿再分開筷子，以及為了
去掉竹刺而互相摩擦筷子，都
是不禮貌的動作。

使用完畢之後，放回
紙袋內，再把紙袋的
另一端折起來。

挖貝殼

潮水退得遠遠的大潮日，在海邊發
現大貝殼是多麼開心的事啊！

淺蜊

吃的時候最好準備裝殼
的器皿。

蛤蜊

蛤蜊湯是日本女兒節必備
的料理。殼可以直接放在
湯碗中。

中國蛤蜊

吃起來相當鮮甜美味的
一種貝類。

挖竹筍

竹筍也是春天
的特產。

孟宗竹

自古以來，櫻花就是日本人十分珍視的花朵。
以下是和櫻花有關的美味食物。

（關東風）（關西風）

櫻花麻糬

用鹽巴醃漬的櫻花葉包裹的和菓子。
關東使用麵粉皮，關西使用道明寺粉
皮。道明寺粉是將蒸過的糯米乾燥後
磨成的粉。

櫻鯛

到了春天產卵期，真鯛的身
體會越來越紅。雖然不是最
好吃的時節，但這時期的顏
色如櫻花一般美麗，因而有
了櫻鯛的稱呼。

珠星三塊魚

到了春天產卵期，肚子
會帶有櫻花色。

鹽漬櫻花

用鹽巴醃漬的八重櫻花瓣。放在熱水中的
叫做「櫻湯」，在慶祝的場合飲用。也有
用鹽漬櫻花裝飾的甜餡饅頭或紅豆麵包。

櫻花魚鬆

將煮熟的白肉魚魚肉刮下，
調理成鹹甜口味後，用食用
紅色素染成櫻花色。

櫻花蝦

在日本靜岡縣駿河灣和
臺灣東港沿海捕撈的小
紅蝦。市面上見到的多
半是晒乾的產品。

加入櫻花魚鬆
的海苔壽司卷

各種的櫻花飯

這些都是櫻花飯。
從左邊開始是鹽漬櫻花拌飯、
章魚炊飯和醬油生薑飯。

連淡咖啡色的飯都加上「櫻花」的稱
號，日本人真的很喜歡櫻花。

賞花

「比起賞花，我更想
吃糯米糰！」

就算有垃圾桶，也把垃圾帶回家吧！
塞滿的垃圾箱，是春天美景的殺手。

31

品嘗夏天

在這個可以放暑假的開心季節，盡情享受好吃的食物，不要挑食，也別被熱浪打敗。

吸——

梅子

青色的梅子可做成梅子糖漿或梅酒，熟成的梅子做成梅乾。梅子清爽的口感有驅除疲勞的功效。

梅子飲有自然的美味

使用吸管時，不要發出欶欶的聲音。也不要因為炎熱而吃太多冷飲冷食。

鰻魚

富含蛋白質、維他命和脂肪等營養成分。

寒涼性食物和溫熱性食物

有些食物和飲料可以讓身體冷卻或溫暖。在這個室內外因空調而產生溫差的季節，可以視情況善用這兩類食物調理身體。

「喀滋喀滋！」

鰻魚飯盒可以拿在手上，但注意不要扒飯哦！

山椒粉

把山椒果實磨成粉，可當鰻魚的提味佐料。

豬肉

除了蛋白質之外，也富含能將糖分轉為能量的維他命。

寒涼性食物

番茄

小黃瓜　　香蕉　　麥茶

茄子

辣椒　　**溫熱性食物**

肉桂

大蒜和蔥類

含有活化豬肉維他命的成分，最好一起食用。

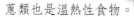

蔥類也是溫熱性食物。

雞肉　　鮭魚

生薑　　糯米

暑假的饗宴

將西瓜或哈密瓜的皮留下來，中間的果肉挖成球狀，澆上糖水後冷藏。朋友來家裡玩的時候，就是一道別出心裁的消暑聖品哦！

水果不要過度冷藏，才能保留原本的甘甜。

西瓜籽和葡萄籽，輕輕的放在手中，集中放在盤子的一角。

如果直接用手拿著水果吃，甜甜的果汁會讓手變得黏黏的。招待客人的時候，記得準備溼紙巾或溼毛巾哦！

冰菓子

到了夏天，外觀看起來很涼爽的果凍類甜點最受歡迎了。要製作這類透明的點心，就必須使用明膠、洋菜或葛粉之類的材料。

果凍

吉利丁（明膠）

製作果凍的原料吉利丁，主要成分為蛋白質，是營養的甜點。

寒天（洋菜）

紅藻類等海藻煮過之後，經過反覆的冷凍和解凍再乾燥而成的產物。富含纖維質，對身體有益。現在由工廠生產的居多，也是水羊羹和石花菜涼粉的材料。

寒天

白玉

蜜豆

水羊羹

葛切　　**葛饅頭**

葛粉

用植物「葛根」萃取出的澱粉。除了甜點和料理之外，也被用於製作中藥的葛根湯。

白玉

原料是一種糯米粉。就算天氣太熱而影響食慾，這滑溜彈牙的口感，還是會促進食慾呢！

品嘗秋天

秋天是作物成熟結果的季節，
聽到「結實之秋」，大家會想到什麼呢？

從春天開始用心種植的稻米結穗，
我們才有新米可以享用。別忘了每
一粒米都是農家的汗水結晶。

蒙布朗　　**栗子羊羹**

加入栗子的甜點也讓人
感受到秋天呢！

撿栗子

在刺刺的殼裡，發現光
滑的栗子，是多麼讓人
開心的事啊！

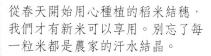

地瓜飯　　　**栗子飯**　　　**香菇飯**

新米和各種秋天風味的炊飯，
是這個季節的饗宴。

地瓜

經常使用於西式甜點、和菓子
及料理中。

「我的最大！」

採香菇

現在一年四季都能栽種香菇，但大
多數香菇的產季是在秋天。要辨別
有毒的香菇並不簡單，記得和了解
香菇的人一起去採香菇吧！

蜜地瓜　　　**地瓜甘納豆**

店裡能買到的各種菇

地瓜乾有自然的甜味和
營養，很適合當點心。

挖地瓜

舞菇　　　**金針菇**　　　**香菇**

摘蘋果

蘋果當然可以直接生吃，也能做成許多加工品，是十分常見的水果。

秋天的各種水果

津輕

王林

摘葡萄

世界上有許多不同品種的葡萄。

德拉瓦葡萄　麝香葡萄

柿子乾

澀柿做成柿子乾之後會變甜。

「明明是澀柿……」

富有柿

百目柿

柿子

柿子是日本的代表性水果之一，所以有的國家稱呼柿子為「KAKI」（柿子的日文發音），有些庭院裡也會栽種柿子樹。

梨子的特徵是口感清脆，又富含水分。

摘梨子

幸水　　二十世紀

盤中之秋

在料理旁搭配季節的花葉裝飾，是日本料理的獨特之處。要不要試著在日常的料理中，搭配菊花葉或紅葉？

做成菊花形狀的醃蕪菁，旁邊搭配菊花的葉子。

做成圓形的可樂餅墊著菊花葉，讓可樂餅看起來像菊花的樣子。

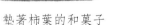

墊著柿葉的和菓子

以紅葉擺盤的鹽燒秋刀魚

品嘗冬天

在家人團聚，一起度過聖誕節、除夕、新年等節日，充滿歡樂的冬天。飲食要均衡，注意不要感冒。

大蔥

白菜

白蘿蔔

當季蔬菜

柚子

站起來拿食物很沒規矩，也不可以獨占自己喜歡吃的食物，要注意讓每個人都能分享到哦！

河豚

鮭魚

牡蠣

當季的魚貝類

鮟鱇魚

有殼的蝦蟹可以用手拿著吃，但是不要舔指頭。

熱呼呼的火鍋

家人們圍著熱氣騰騰的火鍋是多麼開心的事。使用冬季的各種食材，一起補充滿滿的營養吧！

「哥哥好奸詐！」

「灑上肉桂粉也很棒！」

讓人溫暖的飲料

來做搭配冬季點心的熱飲如何？每個做法都很簡單。

「葛湯又濃又甜！」

葛湯

把葛粉（參照 P33）和砂糖用水溶解後，慢慢煮成的飲料。自古以來，就有葛湯對感冒初期很有療效的說法。（編按：添加中藥藥材為葛根湯。）

熱蜂蜜檸檬

含豐富維他命 C 的檸檬汁，加入蜂蜜攪拌，再倒入熱水（不超過50°C）即可。對預防感冒也有效。

熱薑汁蜂蜜

在薑汁中加入蜂蜜攪拌，再倒入熱水即可。薑有溫熱身體的功效。

聖誕節甜點

聖誕節是為了慶祝耶穌誕生，現在已經是大家都很熟悉的節日。

聖誕布丁（英國）

加入許多種類的果乾，是很紮實、有分量的甜點。

薑餅屋（德國）

有「魔女之家」的意思，用德式薑餅製成。

德式聖誕蛋糕（德國）

加入大量果乾和堅果的甜點，上面灑著糖粉。

聖誕樹幹蛋糕（法國）

意思是「聖誕節柴火」的蛋糕。

潘尼朵妮麵包（義大利）

加入葡萄乾和橘子皮的甜麵包。

薑餅人（北歐）

薑汁餅乾，也會用來裝飾聖誕樹。

正月的御雜煮

日本在正月時會準備許多美味佳餚，御雜煮是其中不可或缺的新年料理。

御雜煮（年糕湯）

節慶用的筷袋　　節慶用筷子

節慶用筷子

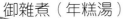

日本過年時，會使用以柳木製成的節慶用筷子。它的特色是兩端細、中間粗，不論使用哪一端都可以。根據傳統說法，一端是給凡人使用，另一端則是給神明使用。

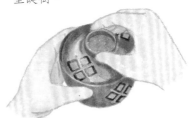

碗蓋的開啟方式

如果蓋子太緊而打不開，可用右手扶著蓋子，以左手在碗的邊緣稍微用力按壓，讓空氣進入碗中，就能輕易打開了。小朋友可以請大人幫忙。

不同國家的筷子用法

亞洲有很多用筷子吃飯的國家，
但使用的方式和習慣有很大的差異。

〈用餐器具〉

日本
只使用筷子，
喝湯時以碗就
口喝。

華人地區
用筷子吃飯和
菜，用湯匙喝
湯。

韓國
筷子只用來吃
菜。飯和湯都
用金屬湯匙。

陶湯匙　　　　長柄湯匙

〈公筷和自己的筷子〉

日本 使用公筷。
（參照P14）

華人地區
韓國 用自己的筷子夾取放在餐桌中
央的大盤菜。在中國，親近的
人會互相幫忙夾菜。

〈筷子的擺法〉

日本

橫放在前方。

華人地區

直放在碗盤右方。湯
匙的位置不固定，大
多和筷子擺在一起。

韓國

直放在碗盤右方。

〈吃剩也可以？〉

日本 不能吃剩。

華人地區
韓國 接受別人邀請至家中或餐廳用
餐時，可以留下一點食物。代
表「我已經吃飽，吃不下了」
的意思。

〈吃法的不同〉

日本 盡量不破壞料理原本
的擺盤。

韓國 有許多像石鍋拌飯在
碗盤中攪拌的料理。

石鍋拌飯

〈麵食的吃法〉

日本
吸食麵條，拿
碗就口喝湯。

華人地區
吸麵是不禮貌的。用
筷子把麵夾到湯匙裡
再吃，喝湯時不以碗
就口，用湯匙喝湯。

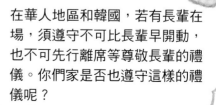

在華人地區和韓國，若有長輩在
場，須遵守不可比長輩早開動，
也不可先行離席等尊敬長輩的禮
儀。你們家是否也遵守這樣的禮
儀呢？

西餐禮儀
使用刀叉和湯匙用餐

大家應該常常吃到西式料理吧？
所以我們也要練習刀叉和湯匙的
正確使用方式哦！

刀叉的使用方式

就像筷子一樣，在使用刀叉之前，
應該先學會正確的使用方式。
就算只是一般的料理，
也可以使用刀叉來享用。
多練習幾次，就會熟能生巧了。

刀子、叉子和湯匙等
餐具，在英語裡統統
稱為cutlery。

刀叉的尺寸種類不像筷子
那麼多，小朋友只要挑選
不太長、不太重、好拿取
的就行了。

刀叉的正確拿法

刀叉只要輕輕握住就行了。如果握得太緊，
容易在餐盤上刮出吱吱的刺耳聲音。

叉子尖端朝下，以左手輕輕
握住。食指伸長，抵在叉子
的握柄。

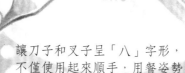

如果以右手拿叉子，應該要
像拿鉛筆一樣握住。尖端可
以朝上也可以朝下，看哪個
方向用起來比較順手。

讓刀子和叉子呈「八」字形，
不僅使用起來順手，用餐姿勢
也不容易歪斜。

刀子以右手輕輕握住。
食指伸長，抵在刀子的
握柄。

這麼做表示「還沒吃完」

如果還沒吃完，但要放下刀叉，
應該將刀叉在盤子裡擺成「八」
字形，叉子的尖端朝下。

也可以靠在盤子的
邊緣，但要小心別
讓刀叉掉下去。

不論任何一種情況，
刀子的鋒利面都要朝
著自己。

這麼做表示「我吃完了」

如果已經吃完了，應該將刀
叉平行排列在盤子裡，叉子
的尖端朝上。

試著使用刀叉吧！

他們的拿法正確嗎？請多試幾次，慢慢習慣正確的拿法。千萬不能揮舞刀叉，或是張開手肘哦！

「好危險！不能亂揮！」

「別推我啦！」

「啊！對不起。」

「一直發出聲音……」

「奶奶家的刀叉又大又重……」

刀叉和餐盤的排列方式

將餐盤放在正前方，右邊放置刀子，尖銳面朝向內側，左邊放置叉子，尖端朝上。如果有沙拉，就放置在左邊，如果有麵包，就放置在左邊的較遠處。

杯子類都放在右邊的較遠處。

麵包

叉子尖端朝上是英國的禮儀。法國的禮儀則是尖端朝下。

生菜沙拉

漢堡肉
搭配各種蔬菜

像水煮紅蘿蔔或馬鈴薯沙拉這類配菜，在餐盤中會放得比魚或肉遠。如果是日本料理中的白蘿蔔泥或酢橘，反而會放在靠近自己的一邊。

41

試著以刀叉用餐

從左邊開始一口一口吃

用叉子牢牢固定住一口量的大小，刀子不要從上方往下直壓，而是要往自己的方向拉動切開，切一口吃一口。和日本料理一樣，都是從左邊開始吃。

一開始就全部切塊的話，料理很快就會冷掉，而且美味的肉汁也會流光。這樣會讓製作料理的人很傷心。

「不要整個拿起來咬哦！」

麵包也有正確吃法

就算是硬麵包，也不要直接就口吃，而是用手撕下一口的大小。

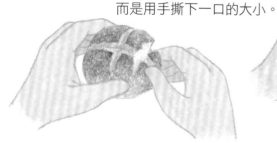

在盤子的正上方撕麵包，麵包屑就不會灑得到處都是。

如果要抹奶油，奶油要抹在撕成一口份的麵包上。

這是一人份的餐具

平常在家裡吃飯的時候，大多只使用一組刀叉。
但在正式的場合上，有不同料理專用的各種刀叉。
和只用一雙筷子吃完全部餐點的中、日式料理很不一樣。

「希望有一天能用
上全部的刀叉！」

前菜刀

前菜叉

湯匙

奶油刀

「哇——種類好多！」

魚餐刀

魚餐叉

肉餐刀

肉餐叉

甜點刀

甜點叉

晚餐匙

冰淇淋匙

咖啡匙（茶匙）

餐刀架

正式的西餐會隨著料理更
換不同的刀叉，但如果只
使用一組刀叉的話，可以
將刀叉放在餐刀架上。

用湯匙吃飯

在家裡是不是常吃到咖哩飯呢？
這時就是練習用湯匙的好機會。

湯匙要直放在盤子右側。
如果也要用叉子的話，叉
子放在湯匙左側。

吃咖哩飯的訣竅是不要一
開始就全部攪拌，而是攪
拌一口吃一口，就能吃得
非常乾淨。

湯匙如果垂直於碗盤，很
容易因撞擊而發出聲響。
要特別留意。

沾到美味醬料或奶油的湯匙，雖
然讓人忍不住想舔它，但還是要
忍耐。把湯匙整個塞進嘴裡也很
不雅觀。

在攪拌咖哩飯的時候，湯匙
斜著拿就不會發出聲音了。

最後剩下的飯粒……

〈用叉子輔助湯匙〉

最後剩下的飯粒很難舀，可以用叉子把
飯粒撥到湯匙上。

〈用刀子輔助叉子〉

也可以用餐刀撥到叉子上吃。

喝湯時的注意事項

喝湯的時候，你有沒有發出簌簌的聲音？
湯不要用吸的，用湯匙舀起來送入口中比較好唷！

用湯匙一次舀太多量的話，容易灑出來，姿勢也不雅觀。

一直噘嘴呼呼的吹湯很不禮貌。從已經變涼的表面，一點一點慢慢舀的方式比較好。

〈湯匙的方向〉

湯匙以垂直向下的方向舀湯。從自己前方朝外舀湯為英式禮儀，從外朝自己的方向舀湯為法式禮儀，兩種方式都可以。

英式

法式

〈有把手的湯杯〉

只有有把手的器皿才能直接接觸嘴巴。若把手只有一邊用右手拿，兩邊都有把手則用兩手拿。

〈喝完湯之後的湯匙〉

喝完湯之後，湯匙放在盤子中間。如果有底盤，也可以放在底盤上。

〈當湯變少的時候〉
用左手微抬盤子。

吃義大利麵的正確方式

在吃義大利麵時，練習不要讓醬汁噴出來！

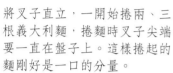

將叉子直立，一開始捲兩、三根義大利麵，捲麵時叉子尖端要一直在盤子上。這樣捲起的麵剛好是一口的分量。

用左手拿湯匙，在湯匙上旋轉叉子，就能確實的將義大利麵捲起來。在義大利麵的故鄉，大人並不會這麼做，但小孩是可以的。

你有沒有這樣吃麵呢？

義大利麵和日本蕎麥麵不一樣，不可以用吸的，讓咬到一半的麵條掉落在盤子上，也是非常不禮貌的行為。

一次捲太多，沒辦法全部塞到嘴巴裡。

沒有確實的把麵捲好，臉就會靠近盤子，變成這種姿勢。

就算麵捲得不好，也不要用這種方式吃麵，看起來很像在玩而不是在吃。

知道了更安心，關於義大利麵的各種知識

除了常見的直條義大利麵之外，還有各種形狀的麵。

吃義大利湯麵的時候，湯用湯匙喝，麵用叉子吃。

淋有肉醬的義大利麵，不要一開始就全部攪拌，應該攪拌一口吃一口。

「吃得亂七八糟啊……」

通心粉的正確吃法是用叉子，但要是覺得困難的話，也可以用湯匙。

像焗烤通心粉般含有大量醬汁的料理，用湯匙和叉子食用。

用手取食後不要舔手，應以溼紙巾或餐巾擦乾淨。

用手剝蝦子或螃蟹的殼。

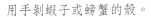

有殼的貝類用一手固定，然後用叉子挖取貝肉。

蝦、蟹和貝類的殼，集中放在盤子的一角。

刀叉和湯匙
不可以這樣用

即使冰淇淋只剩最後一湯匙，也不要把盒子挖得喀喀響。

「唉呀！然後啊……」

用刀子叉起食物吃，或是舔刀子都很危險！也會讓身邊的人坐立不安。

用叉子叉起整塊食物直接送入口中，這麼粗魯的方式簡直是原始人。

用刀叉指人不只危險，也非常失禮。筷子也是一樣哦！

「肚子好餓哦！
還沒好嗎？」

不要將刀叉直立的拿在手上，也不要敲打餐桌。

「對不起！」

用刀叉時發出聲音當然是不禮貌的。萬一不小心發出聲音，要趕快向旁邊的人道歉。

雖然沒有錯，但是……

用左手拿叉子覺得不順手時，把刀子放下，換右手拿叉子也可以。但是，還是要慢慢練習，在長大之前習慣用左手拿叉子比較好唷！

不要四處揮舞刀叉、不要用刀叉指人、放在盤子上的刀刃要朝內等，是自古即有的觀念，因為刀叉可能成為武器，遵守這些規則才不會引起紛爭。

正確的坐姿

吃飯時若是坐姿不正確，
會導致消化不良，或是脊椎骨側彎。
從現在開始注意，養成正確的坐姿習慣吧！

從正面看小熊，他的臉蓋住整個碗盤了，十分不雅觀。

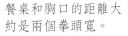 正確又雅觀的姿勢。

坐進椅子深處，把背挺直。

像這樣把身體轉向側面吃飯的話，食物會灑出來。

餐桌和胸口的距離大約是兩個拳頭寬。

如果坐離餐桌太遠，就會變成駝背，不能挺直了哦！

把手肘靠在桌上吃飯，相當不雅觀。

腳不能晃來晃去，或是勾住椅子腳唷！

如果只坐在椅子前端，背也東倒西歪，看起來非常散漫。

把椅子往後倒，不僅很危險，也會刮傷地板。

在說「謝謝招待」之前不要站起來。若是在吃飯時想去廁所，一定要告知之後再去。在入座之前先上廁所也很重要。

紅茶和點心

來學習紅茶的喝法吧！紅茶和日本茶一樣，
都是茶樹的樹葉所製成。

茶杯

茶托（茶碟）

①把方糖放在湯匙上。

用茶杯和茶托的喝法

「原本以為要
用兩手拿才禮
貌……」

茶托放在桌上，用
右手拿起茶杯，左
手不碰茶杯。

在加檸檬、牛奶和砂糖時，
要小心的輕輕放入，避免茶
汁賤出。

②把整個湯匙輕輕的沉入紅
茶中，讓方糖溶解。

③把湯匙靠在茶杯邊緣，讓
茶滴乾淨。

※咖啡和花草茶的喝法相同。

④把湯匙放在茶托另一邊，
即可享用紅茶。

蛋糕的擺法及吃法

擺法和「日本茶與和菓子」的組合一
樣，甜點放在左邊，紅茶放右邊。

蛋糕與和菓子一樣，從左
邊開始吃。

市售的蛋糕外層會裹著塑膠紙或錫
箔紙。將這些包裝紙折好，放在盤
子中央，以免吃完之後桌面看起來
凌亂不堪。

來泡紅茶吧！

茶壺倒入熱水後會變得又熱又重，要特別小心。
小朋友最好使用好拿的小茶壺或請大人幫忙。

①將熱水倒入茶壺和茶杯
　中。（2杯份）

濃紅茶刺激較強，可加
入熱水或牛奶沖淡。

⑥茶壺內的紅茶需全部倒
　盡，並將茶杯放在茶托
　上，湯匙放在茶杯前。

茶壺套

用厚布製成的
保溫套。

②將茶壺中的熱水倒掉，
　加入三匙的茶葉。

③重新倒入兩杯份的
　熱水。

④配合茶葉種類，靜置一段
　時間，若可搭配茶壺套保
　溫更佳。

⑤倒掉茶杯內的熱水。
　為了讓濃度相同，將
　紅茶輪流倒入兩個茶
　杯中。

除此之外，還有……

吃小甜點時，用
手拿起來吃。

大餅乾要先在盤子
上分成小份。

「請用！」

「謝謝！」

把平均分好分量的盤子，傳給
拿不到的人。

離開桌子飲用時，將茶托放在膝
蓋上，用右手拿起茶杯喝茶。

為將來某一天做準備 I

有一天，大家也會到外國朋友家玩，或有拜訪其他國家的機會。
要學會尊重每個文化或宗教禮儀的不同。

「簌簌！」　　　「喀滋喀滋！」

〈用餐時不發出聲音〉

吃飯時發出聲音，或是嘴巴塞滿東西時講話，
不管在哪個國家都是嚴重的違反禮儀。

〈在英國，沒用到的手要放在膝蓋上〉

在臺灣雖然看起來很沒禮貌，但是在英國這是
正確的禮儀。

〈在印度，用右手的指尖品嚐美味〉

大多數印度人信奉的印度教，認為「左手是
骯髒的手」，所以用右手進食。

〈各種刀叉擺法傳遞的訊息〉

每個國家擺放方式可能會不同，就算看到別
人和自己擺放的方式不同，也不要覺得「那
個人搞錯了」，隨便批評別人。

〈不要吸鼻子〉

不論是不是在用餐中，歐美對於吸
鼻子非常反感。在臺灣雖然不太在
意這件事，但在歐美可能不知不覺
中就惹人厭了。不要吸鼻子，把鼻
涕擤乾淨吧！

〈不拿盤子，也不要移動盤子〉

在大部分國家的餐桌禮儀中，把盤子拿
起來用餐是不禮貌的行為。

有些國家是用這種方式來表示「我吃完了」。

外食禮儀
在餐廳用餐

和家人一起到餐廳吃飯，
是多麼開心的事。
不過，需要注意的事情也更多了。
你知道有哪些事情嗎？

在任何餐廳都需要注意的事

「啊！危險。」

你們和家人一起去的是怎樣的餐廳呢？
現在來介紹任何餐廳都需要注意的事情吧！

「啊！我想坐那個位子。」

〈不要隨便搶位子〉

不可以一進餐廳，就衝向自己喜歡的位子。要
等店員帶位，就算是自助式的餐廳也一樣。

〈不可以在餐廳內到處走動〉

吃完飯之前都不要離開座位。在餐廳內四處
奔跑走動，不僅會在送餐時造成危險，也會
讓其他客人感到煩躁。

〈不要發出巨大聲響〉

你有沒有因為太開心而不自覺大聲講話喧譁
呢？這會對其他安靜吃飯的客人造成困擾。
如果自己先吃完的話，安靜的在旁等待吧！

這些注意事項，最重要的
原則就是「不要造成他人
困擾」。身為社會的一份
子，要學習留意周圍的情
況再行動。

各式各樣的餐廳

〈速食店〉

端食物或是入座的時候，小心不要撞到其他人。

要確實排隊。

垃圾要分類並丟到規定的地方。

離開之前，把自己使用過的桌椅確實收拾乾淨。

〈簡餐店〉

用餐完畢，不要長時間霸占座位，因為可能還有其他客人在等候空位。

安靜的等待店員帶位。

等大家的料理都上齊之後再開動。

不要在座位上整理儀容，請到洗手間整理。

55

簡餐店的飲料吧

「我要兩杯可可亞。」

不可以插隊。一次拿一杯。不要一直站在飲料吧前，以免妨礙他人取用，要特別留意。

「好燙！」

「咦！一次拿兩杯？」

不要亂摸用不到的茶包或湯匙。

使用熱飲或熱水的機器時，小心不要被燙傷。

〈自助式餐廳〉

自己取用喜歡吃的食物，但是不要拿太多，堆得像小山一樣，拿了食物卻沒吃完也違反禮儀。取用時少量多次，拿下一道料理時記得換新的盤子。

一定要乖乖排隊，不能插隊唷！

不要玩「比誰吃得多」這種比賽，拿食物玩耍是很丟臉的行為。

分裝用的湯匙等餐具要放回原位，方便下一個人使用。

不要邊走邊吃。就算盤裡的食物看起來再美味，也要先回到座位、確實坐好之後才開動。

在簡餐店的沙拉吧也要注意這些事項。

〈迴轉壽司店〉

不要把手伸到隔壁客人的面前。已伸手拿下的盤子不可放回旋轉帶上。只拿自己吃得完的分量。

你有聽過AGARI（茶）、NETA（壽司料）、GARI（嫩薑）這些單字嗎？這是日本壽司店店員們的特別術語。

握壽司的吃法

先把握壽司橫倒著放，將上面的壽司配料蘸一點醬油。留意醋飯若是蘸到醬油可能會散開。

握壽司也可以用手拿著吃。

「好好玩！」

「啊！我還沒夾完。」

〈中餐廳〉

大圓桌上的轉盤可以讓每個座位的人方便夾取桌上的料理，據說這個轉盤是由日本人發明的。

注意！分裝用的湯匙不可凸出旋轉盤外，否則旋轉時可能會撞到玻璃杯等其他餐具。

確認沒有人夾菜之後，再輕輕的順時針方向旋轉。

使用過的碗盤不可放在轉盤上，這樣會讓所有的人都看到髒掉的碗盤。

「咦！」

「啊！」

不可用手拿大盤子（參照 P38）。

「不行嗎？」

不要站著夾菜，等旋轉盤旋轉到容易夾的地方再夾。

為將來某一天做準備 II

有白色餐巾的餐桌

成年之後，大家都有機會參加需要注意
更多餐桌禮儀的場合，
以下介紹其中幾種情形。

〈入座方式〉

服務生帶位之後，從座位左側入座，
服務生將椅子往前輕推後，輕輕的坐
下來。別忘了在任何服務後都要說「
謝謝」。

〈萬一刀叉掉落〉

不小心將刀叉掉在地上的時候，
不要自己撿起來，請服務生幫忙
準備新的刀叉。小朋友可以先告
訴身旁的大人，請他們幫忙。

〈弄錯刀叉的順序〉

排列在桌上的許多刀叉，如果使用
的順序錯了，繼續吃也沒關係。等
下一道料理送上來時，再請服務生
更換正確的刀叉。

最重要的是，每天用餐時都要
正確且確實的練習。只要基本
禮儀都能遵守，不管在什麼場
合都不用擔心。

〈餐巾的使用方式〉

入座之前，折疊整齊的餐巾
會放在每個人的座
位前方。正式的
場合會使用白色
餐巾。

①將餐巾對折，放在
膝蓋上。

②擦嘴或手指時，用餐
巾對折的內側。

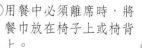

③用餐中必須離席時，將
餐巾放在椅子上或椅背
上。

④用餐完畢，輕輕折好餐
巾放在桌上。

58

結語

　　以上是餐桌禮儀的介紹，你有什麼心得呢？

　　大家一起愉快的享用美味大餐時，該怎麼做比較好？希望可以藉由《圖解餐桌禮儀繪本》，讓你進一步思考。

　　請珍惜每天在家裡或學校用餐的時間，不論是多麼微小的事情，一點一點慢慢累積，也能積沙成塔。

　　最後別忘了要時常對一切心懷感謝。

　　接著，讓我們享用美味的食物吧！

文・圖│**高野紀子**

　　生於日本東京。著作甚豐，包括《圖解量詞學習繪本》（小熊出版），以及《日本行事曆繪本（春夏卷）（秋冬卷）》、《和服繪本》、《摺紙繪本》（以上暫譯）等。目前在東京主持「小小的水彩教室」。

翻譯│**蘇懿禎**

　　臺北教育大學國民教育學系畢業，日本女子大學兒童文學碩士，目前為東京大學教育學博士候選人。熱愛童趣但不失深邃的文字和圖畫，有時客串中文與外文的中間人，生命都在童書裡漫步。夢想成為一位童書圖書館館長，現在正在前往夢想的路上。在小熊出版的翻譯作品有《貓咪拉麵店》、《貓咪西餐廳》、《搗蛋貓過聖誕》、《探險貓玩數學》、《吵架了，怎麼辦？》、《被罵了，怎麼辦？》、「媽媽變成鬼了！」系列等。

國家圖書館出版品預行編目（CIP）資料

圖解餐桌禮儀繪本/高野紀子文.圖；蘇懿禎翻譯. -- 二版. -- 新北市：小熊出版，遠足文化事業股份有限公司，2024.03
60面；21.3×20.7公分. --（精選圖畫書）
ISBN 978-626-7429-15-0（精裝）

1.CST: 餐飲禮儀　2.CST: 繪本

532.82　　　　　　　　　　　　　　　113000891

精選圖畫書
圖解餐桌禮儀繪本　文・圖／高野紀子　翻譯／蘇懿禎

總編輯：鄭如瑤｜主編：陳玉娥｜副主編：陳湄玲｜美術編輯：張雅玫
行銷副理：塗幸儀｜行銷企畫：林怡伶、許博雅
出版：小熊出版／遠足文化事業股份有限公司
發行：遠足文化事業股份有限公司（讀書共和國出版集團）
地址：231新北市新店區民權路108-3號6樓
電話：02-22181417｜傳真：02-86672166
劃撥帳號：19504465｜戶名：遠足文化事業股份有限公司
Facebook：小熊出版｜E-mail：littlebear@bookrep.com.tw

讀書共和國出版集團網路書店：http://www.bookrep.com.tw
客服專線：0800-221029｜客服信箱：service@bookrep.com.tw
團體訂購請洽業務部：02-22181417 分機 1124
法律顧問：華洋法律事務所／蘇文生律師
印製：凱林彩印股份有限公司
初版一刷：2019 年 9 月｜二版一刷：2024 年 3 月
定價：350 元｜ISBN：978-626-7429-15-0（紙本書）
書號：0BTP4082　978-626-7429-20-4（EPUB）
　　　　　　　　978-626-7429-19-8（PDF）

著作權所有・侵害必究　缺頁或破損請寄回更換
特別聲明　有關本書中的言論內容，不代表本公司／出版集團之立場與意見，
　　　　　　　文責由作者自行承擔

小熊出版官方網頁　小熊出版讀者回函

這些事情也要注意　—西餐禮儀篇—

「盤子的另一邊放
的是點心用的刀叉
和湯匙。」

「這是奶油刀，有時候會放在
麵包盤上。」

「刀叉從外側開始依序使用
就沒問題嘍！」

前菜叉

魚餐叉

肉餐叉

「叉子從這裡開始使用。」

前菜刀

湯匙

魚餐刀

肉餐刀